COLLECTION
FICHEBOOK

CHRÉTIEN DE TROYES

Yvain ou le Chevalier au lion

Fiche de lecture

Les Éditions du Cénacle

© Les Éditions du Cénacle, 2020.

1 rue Honoré - 93500 Pantin.

ISBN 978-2-36788-574-2

Dépôt légal : Juin 2020

Impression Books on Demand GmbH

In de Tarpen 42

22848 Norderstedt, Allemagne

SOMMAIRE

- Biographie de Chrétien de Troyes.......................... 9

- Présentation de *Yvain ou le Chevalier au lion*.......... 13

- Résumé du roman.................................... 17

- Les raisons du succès................................ 31

- Les thèmes principaux............................... 37

- Étude du mouvement littéraire....................... 43

- Dans la même collection............................. 47

BIOGRAPHIE

CHRÉTIEN DE TROYES

D'une manière générale, il est délicat d'employer le terme d'« auteur » pour évoquer une œuvre du Moyen Âge. En effet, l'auteur médiéval représente davantage une personne fictive stéréotypée plutôt qu'un auteur tel qu'on le conçoit aujourd'hui avec une biographie exacte. Au Moyen Âge, l'œuvre n'est pas le résultat d'un auteur authentifié et unique. Les œuvres sont sans cesse remaniées par des jongleurs, des copistes ou des clercs, ce qui explique l'anonymat d'un grand nombre de textes médiévaux.

L'œuvre d'*Érec et Énide* est attribuée à Chrétien de Troyes. On ne sait pas grand-chose de la vie de cet « auteur », mis à part ce qu'il a bien voulu nous en dire lui-même au sein de ses ouvrages. On situe son année de naissance aux environs de l'année 1135. Au travers de ses romans, il se désigne lui-même sous le nom de « Chrétien de Troyes », ce qui nous permet de conclure qu'il est sans doute originaire de la ville de Troyes.

Les romans de Chrétien de Troyes nous fournissent donc des indications sur sa vie. Grâce à la grande culture qu'il manifeste dans ses textes, Chrétien de Troyes semble être issu d'une formation de clerc. Il aurait notamment participé à la traduction d'œuvres latines en français, telles que *L'Art d'aimer* d'Ovide. Chrétien de Troyes a certainement fréquenté la cour de Marie de Champagne, fille d'Aliénor d'Aquitaine. C'est d'ailleurs Marie de Champagne qui commanda à Chrétien de Troyes l'œuvre de *Lancelot ou le Chevalier à la charrette*. Chrétien a sans doute également côtoyé la cour de Philippe d'Alsace, comte de Flandres, car le roman *Perceval ou le Conte du Graal* est dédicacé à ce dernier.

De Chrétien de Troyes, il nous reste cinq romans de chevalerie en vers octosyllabiques, qui tirent leur inspiration des légendes bretonnes et celtes se déroulant autour du roi Arthur. Chrétien de Troyes produit ainsi *Érec et Énide* (1170), *Cligès* (vers 1176), *Lancelot ou le Chevalier à la charrette* (vers 1178-1181), *Yvain ou le Chevalier au lion* (vers 1178-1181) et *Perceval ou le Conte du Graal* (entre 1182 et 1190). Chrétien de Troyes a aussi composé deux chansons dans le dernier quart du XIIe siècle (*Amors tençon et bataille et D'Amors, qui m'a tolu a moi*) et il aurait également écrit un roman à propos de la célèbre légende de Tristan et Iseult, mais celui-ci aurait été perdu. Ses romans s'inscrivent dans le cadre de la littérature dite « courtoise ». Dans ces textes, le héros doit sans cesse trouver un équilibre entre ses devoirs chevaleresques, sa quête identitaire et l'amour qu'il porte à sa dame. Chrétien de Troyes est le maître du roman dit « courtois ». Il a inspiré de multiples auteurs tout au long du Moyen Âge.

On peut considérer Chrétien de Troyes comme le premier grand romancier français, qui écrit en langue « romane » (d'où le terme de « roman » utilisé pour qualifier ses œuvres) et non en langue latine. *Érec et Énide*, premier roman de Chrétien de Troyes, est donc le premier véritable roman de notre littérature.

Nous ignorons la raison pour laquelle *Perceval ou le Conte du graal* est resté inachevé et pouvons imaginer que l'auteur est peut-être mort avant d'avoir pu terminer son ouvrage. Ainsi, on situe la date de mort de Chrétien de Troyes entre 1185 et 1190. Les œuvres de Chrétien de Troyes ont donc été produites principalement entre 1165 et 1190.

PRÉSENTATION DU ROMAN

Le roman *Yvain ou le Chevalier au lion*, produit vers 1178-1181, est le quatrième des cinq romans de chevalerie qui nous sont parvenus de Chrétien de Troyes. L'histoire d'Yvain nous est connue par neuf manuscrits différents. « Le Chevalier au lion » est l'autre nom attribué à Yvain dans ce récit ainsi que dans d'autres romans courtois.

Pour composer son œuvre, Chrétien de Troyes s'est largement inspiré de la matière de Bretagne qui a pour origine un ensemble de chansons et légendes diffusées par des jongleurs et qui se caractérise par la présence de thèmes merveilleux. Ainsi, le héros évolue dans un cadre teinté de merveilleux féerique, où des éléments et des êtres surnaturels font leur apparition, tantôt pour l'aider, tantôt pour lui infliger des défis à relever. Le conflit entre l'amour et les armes est au centre du récit. La quête du héros consiste à trouver un équilibre entre l'amour qu'il voue à sa dame et les exploits chevaleresques qui font de lui un véritable chevalier digne de ce nom.

RÉSUMÉ DU ROMAN

Dans le roman *Yvain ou le Chevalier au lion*, les titres des chapitres ne sont pas apparents. Cependant, nous avons décidé d'en ajouter afin que le lecteur puisse s'y retrouver plus facilement dans sa lecture.

La Pentecôte à Carduel

La cour du roi Arthur est réunie à Carduel pour la Pentecôte. Alors que le roi se repose dans sa chambre un moment, le chevalier Calogrenant entame le récit d'un conte devant plusieurs chevaliers rejoints ensuite par la reine. Le Sénéchal Keu, empli de perfidie, fait une remarque désagréable envers Calogrenant. La reine intervient et prend la défense de ce dernier. Calogrenant peut reprendre alors le cours de son histoire.

Le récit de Calogrenant

Sept ans auparavant, alors que Calogrenant chevauche au hasard en quête d'aventure, il est accueilli par un vavasseur et sa fille qui les logent pour la nuit. Le lendemain, le chevalier repart et rencontre un paysan hideux surveillant des taureaux sauvages. Calogrenant lui demande s'il a une aventure à lui conseiller. Le paysan évoque alors la fontaine magique de Barenton. Une violente tempête surgit si l'on répand de l'eau du bassin sur le perron de la fontaine. Aucun chevalier ayant tenté l'aventure n'a échappé à la tempête. Calogrenant se rend à la fontaine et provoque la tempête. Il parvient à survivre. Une fois la tempête terminée, un chevalier, le défenseur de la fontaine, arrive en colère contre Calogrenant. Les deux chevaliers combattent. Le défenseur de la fontaine fait tomber Calogrenant et s'en retourne en emportant son cheval. Calogrenant revient auprès du vavasseur.

Les réactions suite au récit de Calogrenant

Après avoir entendu cette histoire, Yvain, le cousin de Calogrenant, promet que s'il le peut, il vengera la honte de ce dernier. Keu ne peut s'empêcher de faire à nouveau preuve de médisance. Le roi Arthur sort de sa chambre et la reine lui raconte toute l'histoire de Calogrenant. Arthur jure d'aller voir cette fontaine magique d'ici une quinzaine de jours. Il invite tous ceux qui le souhaitent à l'accompagner. Yvain est déçu car il voulait s'y rendre seul.

La vengeance d'Yvain

Yvain s'apprête à partir seul discrètement avant tout le monde. Il rencontre le vavasseur et sa fille qui l'accueillent. Le lendemain, il trouve le paysan hideux et ses taureaux, puis se rend à la fontaine où il fait éclater la tempête. Le chevalier défenseur de la fontaine finit par arriver. Yvain parvient à le blesser à mort. Celui-ci prend la fuite, poursuivi par Yvain. Tous deux arrivent à l'entrée d'un château. La première porte s'abat sur l'arrière-train du cheval d'Yvain et la porte suivante se referme, laissant Yvain prisonnier dans une pièce. Une demoiselle entre et lui promet de tout faire pour tenter de le sauver, car il est le seul à avoir prêté attention à elle lorsqu'elle est venue porter un message à la cour du roi Arthur. Elle lui prête un anneau magique qui permet de se rendre invisible. Les chevaliers qui cherchent Yvain pour le tuer pénètrent dans la pièce, mais, Yvain s'étant rendu invisible, ils ne le trouvent pas. La femme du chevalier mort crie au désespoir. Les chevaliers qui cherchent en vain finissent par s'en aller. Yvain demande à la demoiselle de pouvoir regarder la procession, afin de contempler la dame du chevalier car il en est tombé amoureux.

Lunette amadoue Laudine

La demoiselle Lunette va voir sa dame en essayant de la réconforter et en lui disant qu'elle peut retrouver un mari encore meilleur que le défunt. Elle lui démontre que l'homme qui a vaincu son mari est un meilleur chevalier, ce qui provoque la colère de la dame. Mais celle-ci réfléchit toute la nuit et demande pardon à Lunette le lendemain. Elle lui demande ce qu'elle sait à propos du chevalier. La dame aimerait qu'Yvain vienne à sa cour le plus rapidement possible. La demoiselle fait semblant d'aller chercher Yvain à la cour du roi Arthur.

Le mariage d'Yvain et Laudine

Après quelques jours, la demoiselle amène Yvain auprès de Laudine. Yvain déclare son amour à la dame. Laudine lui demande s'il est prêt à défendre la fontaine pour elle et Yvain accepte sans hésiter. Laudine avait déjà prévenu ses barons de son désir de se remarier. Elle leur présente alors Yvain. Les barons sont très enthousiastes à l'idée du mariage entre Yvain et leur dame. Le jour même, le mariage est célébré.

Le roi Arthur et ses chevaliers à la fontaine magique

Arthur et ses compagnons se rendent à la fontaine magique comme prévu. Le roi provoque la tempête et Yvain ne tarde pas à se manifester. Keu souhaite être le premier à combattre. Yvain le fait tomber à terre et lui prend son cheval. Le roi Arthur demande à Yvain de lui révéler son nom. En apprenant qu'il s'agit d'Yvain, tous en éprouvent une grande joie, mis à part Keu qui se retrouve honteux de sa défaite. Yvain leur conte toute son aventure depuis son départ. Il les invite à venir passer huit jours dans son château. Un bel accueil est réservé au roi Arthur et à sa troupe. Gauvain et Lunette font connaissance et se font des promesses d'amour.

Yvain prend congé de sa dame

Au moment de partir, les chevaliers demandent à Yvain de les accompagner. Gauvain tente de convaincre Yvain de ne pas abandonner les armes pour sa dame et de les suivre. Yvain finit par accepter et va prendre congé de Laudine. Celle-ci accepte qu'il parte mais seulement jusqu'à une date précise : elle lui laisse un an. Elle lui confie un anneau magique qui pourra lui servir d'écu et de haubert. Les adieux entre Laudine et Yvain sont douloureux.

Yvain oublie de revenir à temps auprès de Laudine

Gauvain et Yvain se rendent à de nombreux tournois pendant plus d'une année. Un jour, le roi Arthur réunit sa cour à Winchester, mais Yvain et Gauvain dressent un pavillon à l'extérieur de la ville. Le roi vient les trouver. Yvain prend conscience qu'il a dépassé l'échéance que lui avait donnée Laudine pour son retour. Une messagère de Laudine vient trouver Yvain et l'accuse d'avoir abusé de sa dame et de ne pas avoir tenu parole. Elle lui dit de ne plus chercher à revenir auprès de Laudine et de lui rendre son anneau. Yvain est alors en proie en désespoir.

La folie d'Yvain

Yvain s'éloigne du pavillon tout en devenant fou. Il se met à vivre comme un homme sauvage, nu, dans les bois, nourri par un ermite. Un jour, deux demoiselles et leur maîtresse trouvent Yvain en train de dormir. Une des demoiselles le reconnaît grâce à sa cicatrice. Les demoiselles s'en retournent au château afin de prendre un onguent pour guérir Yvain de sa folie et pour lui apporter de quoi se vêtir. La demoiselle retourne auprès d'Yvain et l'enduit de tout l'onguent, plus qu'il n'en faut. Elle dépose les habits pour Yvain, et va se cacher en attendant qu'il se réveille. En s'éveillant, Yvain ne comprend pas ce qui lui est arrivé. Il s'habille. La demoiselle sort de sa cachette et passe devant lui, comme si elle ne le connaissait pas. Yvain lui demande alors de l'aide. La demoiselle l'amène au château. En route, elle jette la boîte d'onguent, pour ne pas que sa dame s'aperçoive que celle-ci est vide. Les demoiselles prennent soin d'Yvain.

Le combat d'Yvain et le comte Alier

Un jour, le comte Alier se présente devant le château avec ses troupes. Les gens du château s'arment afin de les combattre. Yvain, qui a repris des forces, parvient à tuer de nombreux chevaliers. Il est admiré pour ses prouesses. Yvain prend au piège le comte Alier : il ne le tue pas mais lui fait promettre de se rendre à la merci de la dame des lieux.

Yvain au secours d'un lion

Yvain demande congé. La dame en éprouve une vive douleur car elle aurait souhaité qu'Yvain reste auprès d'elle et qu'il devienne son seigneur. Alors qu'Yvain traverse une épaisse forêt, il aperçoit un lion dans un essart, se faisant mordre la queue par un serpent. Yvain prend pitié du lion et décide de le sauver. Il tue tout d'abord le serpent qui jette des flammes, en le découpant en petits morceaux. Yvain s'attend à ce que le lion l'attaque, mais il n'en est rien. Au contraire, le lion se prosterne devant Yvain afin de le remercier. Yvain se remet en route, suivi par le lion qui souhaite rester à ses côtés pour le servir et le protéger. Le lion l'aide à chasser pour se nourrir, la nuit il monte la garde. Tous deux vivent ainsi une quinzaine de jours. Un jour, ils se retrouvent par hasard auprès de la fontaine miraculeuse. Yvain se rappelle alors de sa dame et il s'évanouit de douleur, se blessant malencontreusement avec son épée. Le lion, qui le croit mort, est sur le point de se suicider lorsqu'Yvain reprend ses esprits. Au désespoir, Yvain se demande pourquoi il ne s'est pas donné la mort avant.

Lunette prisonnière

Alors qu'Yvain se lamente, une demoiselle emprisonnée dans la chapelle l'entend et lui demande ce qui lui arrive. Elle lui apprend qu'elle est accusée de trahison et qu'elle sera tuée le lendemain. Elle affirme que seuls deux chevaliers peuvent la sauver : Gauvain et Yvain. Yvain lui révèle alors qui il est et reconnaît la demoiselle Lunette qui l'a sauvé dans le château. Le sénéchal qui était jaloux de Lunette l'a accusée devant toute la cour d'avoir trahie sa dame en la faisant prendre pour époux Yvain. Yvain promet à Lunette de la sauver de la mort le lendemain.

Yvain chez les victimes du géant Harpin

Yvain part chercher un gîte pour la nuit. Il arrive à un château où des valets le font entrer. Les gens du château se comportent de façon étrange, oscillant entre la joie et les pleurs. Yvain demande au seigneur du château quelle en est la raison. Celui-ci lui explique alors que le géant Harpin, qui voulait avoir sa fille, a causé beaucoup de dégâts et a fait prisonniers ses six fils. Deux ont déjà été tués et quatre le seront le lendemain. Le seigneur dit avoir voulu faire appel à Gauvain, le frère de sa femme, pour les aider, mais celui-ci était parti à la recherche de la reine enlevée par un chevalier. Yvain lui promet de l'aider si le géant arrive avant midi le lendemain, car ensuite il a une affaire importante qui l'attend.

Le combat d'Yvain et du géant

Le lendemain matin, Yvain s'excuse auprès du seigneur de ne pouvoir rester plus longtemps. La fille du seigneur le supplie tellement qu'il finit par attendre la venue du géant. Le géant arrive avec les quatre fils et un nain. Il menace le seigneur de massacrer ses fils s'il ne lui remet pas sa fille. Il souhaite la prostituer auprès de ses valets. Yvain s'arme afin d'aller combattre le géant. Aidé par le lion, il parvient à tuer le géant. Yvain demande alors au seigneur de parler de lui à Gauvain en le nommant « le Chevalier au lion ».

Lunette délivrée par Yvain

Yvain prend congé et se rend vers la chapelle. Lunette n'y est plus mais un bûcher a été dressé pour sa mise à mort. Yvain annonce devant tous vouloir défendre la demoiselle de la mort et combattre les trois chevaliers qui l'ont calomniée. Ces derniers acceptent à la seule condition que le lion n'intervienne pas dans le combat. Mais, lors du combat, en voyant que les chevaliers malmènent Yvain, le lion vient lui apporter son aide. Il tue l'un deux, le sénéchal. Les deux autres prennent peur et demandent grâce. Ainsi, Lunette est délivrée et sa dame la pardonne. Laudine, qui n'a pas reconnu Yvain, lui demande de séjourner chez elle jusqu'à ce qu'il soit rétabli, mais Yvain refuse, prétextant devoir d'abord s'assurer que sa dame lui pardonne. Lunette accompagne Yvain un moment. Yvain lui fait promettre de ne jamais révéler qui il est. Yvain doit porter son lion qui est également blessé. Ils arrivent devant un château où le portier les fait entrer. Yvain est bien accueilli par le seigneur des lieux. Il y séjourne jusqu'à ce que son lion et lui-même soient rétablis.

La cadette déshéritée

Entre-temps, le seigneur de Noire-Épine meurt, laissant deux filles. La fille aînée ne veut pas partager l'héritage avec sa sœur. La cadette décide de se rendre à la cour du roi Arthur afin de demander de l'aide, mais l'aînée prend les devants et passe un accord avec Gauvain. La cadette arrive trop tard et Gauvain ne peut donc plus l'aider puisqu'il a déjà tenu promesse à sa sœur. La cadette va alors trouver le roi qui trouve un accord avec l'aînée. Cette dernière accepte de laisser sa part d'héritage à sa sœur si elle trouve un chevalier pour défendre sa cause.

À la recherche du chevalier au lion

La cadette part alors à la recherche du Chevalier au lion. Mais elle tombe malade et une jeune fille continue sa quête. Celle-ci, angoissée par la nuit noire, finit par trouver un gîte pour la nuit. Son hôte est le seigneur qu'Yvain a défendu contre le géant Harpin. Le lendemain, il met la jeune fille en direction de la fontaine magique. La jeune fille croise des passants qui lui conseillent de parler avec Lunette. Celle-ci l'accompagne jusqu'à l'endroit où elle a quitté Yvain, puis lui montre la direction à suivre. La jeune fille parvient à la maison dans laquelle Yvain a séjourné lors de sa convalescence. Elle apprend qu'il vient de quitter cette maison et part aussitôt dans la même direction. Enfin, elle rattrape Yvain et son lion, et lui expose son problème. Yvain accepte de défendre l'héritage de la cadette. Ils repartent donc ensemble.

Le château de la Pire Aventure

Ils arrivent au château de la Pire Aventure où ils souhaitent passer la nuit. Les gens qu'ils croisent leur déconseillent d'entrer, mais Yvain est fortement décidé à y pénétrer. À l'intérieur, il voit de nombreuses jeunes filles en mauvais état, en train de s'adonner au tissage. Une des jeunes filles lui explique leur sort. Le roi de l'Île aux Pucelles a un lourd tribut à payer auprès des deux démons de ce château. Chaque année, il doit envoyer trente jeunes filles de son royaume dans ce château. Ce tribut ne pourra prendre fin que lorsque les deux démons auront été mis à mort. De nombreux chevaliers ont essayé de les vaincre, sans succès. Yvain quitte la jeune fille et pénètre dans un verger où il trouve une belle jeune fille en train de lire un roman à ses parents. Tous les trois lui réservent un très bel l'accueil : ils l'habillent et lui font prendre un repas.

Le combat contre les deux démons

Le lendemain matin, après la messe, Yvain pense pouvoir repartir, mais le seigneur des lieux lui annonce qu'il doit auparavant combattre deux hommes forts selon la coutume. S'il parvient à les vaincre, il donne à Yvain son château ainsi que sa fille pour épouse. Yvain accepte à contrecœur. Les deux fils du démon arrivent. Ils demandent à Yvain d'enfermer le lion dans une petite chambre pour ne pas qu'il lui vienne en aide lors du combat. En entendant le combat, le lion parvient à s'échapper de la chambre et attaque l'un des deux hommes. Yvain tue quant à lui le second. L'homme attaqué par le lion implore pitié et s'avoue vaincu. Le seigneur offre alors sa fille à Yvain. Celui-ci refuse tout d'abord, mais il finit par accepter de revenir plus tard pour l'épouser. Yvain et la jeune fille reprennent leur route, après avoir délivré les centaines de jeunes filles qui tissaient dans le château.

Le combat d'Yvain et Gauvain

Ils se rendent auprès de la cadette qui les accueille avec une grande joie. Ils partent ensemble trouver le roi Arthur. Après avoir passé une nuit dans un logis hors du château, ils se présentent devant le roi et l'aînée. La cadette tente de convaincre une dernière fois sa sœur de lui laisser sa part d'héritage pour éviter le combat, sans succès. Gauvain et Yvain commencent alors à combattre, sans savoir qui est leur adversaire. La nuit approche, les deux chevaliers sont exténués, ne parvenant pas à prendre le dessus l'un sur l'autre. Ils finissent pas se dire leur nom, se reconnaissent et arrêtent le combat. Chacun des deux reconnaît l'autre comme étant le vainqueur. Le roi intervient en faveur de la cadette et ordonne à l'aînée de ne pas déshériter sa sœur. L'aînée se voit dans l'obligation d'obéir. Yvain conte alors à tous ses aventures. Les deux chevaliers sont soignés.

La réconciliation d'Yvain et de Laudine

Une fois guéri, Yvain décide de repartir pour reconquérir sa dame. Il se rend à la fontaine avec son lion afin de déchaîner la tempête le plus violemment possible. Le château de Laudine n'en est pas épargné. Lunette parle à sa dame qui accepte d'accorder au chevalier au lion la paix qu'il souhaite s'il vient à elle, sans savoir qu'il s'agit d'Yvain. Lunette lui fait prêter serment. Lunette se met en route pour se rendre auprès d'Yvain. Elle ramène Yvain au château. Celui-ci avoue à Laudine qu'il est son époux. La dame se met en colère en accusant Lunette de lui avoir tendu un piège mais elle finit par accorder son pardon à Yvain.

LES RAISONS
DU SUCCÈS

Jusqu'alors, la société médiévale donnait la suprématie aux exploits chevaleresques à travers le goût pour les chansons de geste qui relatent des épopées légendaires reposant sur les exploits guerriers de chevaliers ou de rois.

Mais, vers le milieu du XIIe siècle, Aliénor d'Aquitaine, petite-fille du premier troubadour Guillaume IX d'Aquitaine et riche héritière du roi de France, change la donne en introduisant un nouveau mode de vie basé sur la notion de courtoisie. Aliénor d'Aquitaine, qui a épousé le comte d'Anjou Henri Plantagenêt, règne à la cour d'Angleterre. Elle y fait venir des poètes chantant les louanges des dames, des récits dans lesquels l'amant se soumet complètement à la dame. Les textes ayant pour sujet principal l'amour deviennent au goût du jour, et c'est à partir de ce moment-là que de nouveaux types d'œuvres apparaissent dans la société médiévale : c'est ce qu'on appelle alors la littérature « courtoise ». Le sujet des armes n'est pas pour autant délaissé, mais il passe en arrière-plan, laissant place à l'éloge de l'amour courtois.

C'est alors qu'on commence à traduire des œuvres latines en langue romane (c'est-à-dire en « ancien français »), d'où le terme de « roman » pour désigner originellement ce type de récit.

On voit tout d'abord apparaître un type de roman qu'on désigne par l'expression de « romans antiques ». Entre 1150 et 1165, une trilogie de romans s'inspire largement des mythes fondateurs de l'Antiquité : *Le Roman de Thèbes* (vers 1150), *Le Roman d'Énéas* (vers 1160) et *Le Roman de Troie* (vers 1165) de Benoît de Sainte-Maure. Même si ces romans racontent des exploits guerriers, chacun met en scène une figure féminine centrale. Les romans antiques sont souvent considérés comme une transition entre les chansons de geste et les romans arthuriens.

Avec son premier roman breton *Érec et Énide*, Chrétien de

Troyes élabore le premier véritable roman courtois de notre littérature française. *Érec et Énide* constitue l'inauguration de la série des romans arthuriens. Se différenciant des « romans antiques », les « romans bretons » traitent d'aventures chevaleresques se déroulant autour de la figure centrale du roi Arthur, mais où la femme occupe une place primordiale. Pour cela, Chrétien de Troyes s'inspire des légendes bretonnes et des contes celtiques, tout en les transformant.

Chrétien de Troyes écrit non pas pour refléter la réalité quotidienne de la société médiévale, mais pour dessiner les traits d'une société idéale où la femme occupe une place toute nouvelle. Le public de l'époque est séduit par ce nouveau mode de vie proposé par Chrétien de Troyes, d'où le succès de ses œuvres dès le milieu du XIIe siècle. Avec *Érec et Énide*, Chrétien de Troyes dessine déjà la trame de ses futurs romans arthuriens, à savoir *Cligès* (vers 1176), *Lancelot ou le Chevalier à la charrette* (vers 1178-1181), *Yvain ou le Chevalier au lion* (vers 1178-1181) et *Perceval ou le Conte du Graal* (vers 1182-1190).

Chrétien de Troyes a influencé considérablement la littérature narrative du Moyen Âge. Il a donc joué un rôle important dans le développement de notre littérature française. Les romans de Chrétien de Troyes ont été imités à maintes reprises. Le roman *Yvain ou le Chevalier au lion* a entre autres inspiré l'auteur allemand du XIIIe siècle Hartmann von Aue qui a adapté le récit en allemand sous le titre *Iwein*. De nos jours, les œuvres de Chrétien de Troyes sont souvent choisies, dans les anthologies scolaires par exemple, pour représenter la littérature médiévale dans son ensemble.

Les romans arthuriens sombrent dans l'oubli dès le XVIe siècle, mais ils sont redécouverts durant le XIXe siècle grâce aux éditions proposées par divers éditeurs. Mais c'est au XXe siècle que ces textes connaissent un immense succès, notamment grâce aux éditions de poche qui permettent au grand public de se familiariser avec les figures légendaires des récits de Chrétien de Troyes telles que Perceval, Lancelot ou encore Yvain.

LES THÈMES PRINCIPAUX

Tout le roman d'*Yvain ou le Chevalier au lion* repose sur le thème que privilégie bien souvent Chrétien de Troyes, à savoir le conflit permanent entre l'amour et les armes. Il s'agit pour le héros de trouver comment concilier l'amour qu'il voue à sa dame et ses devoirs chevaleresques, afin d'installer un certain équilibre entre les deux.

Au début du roman, Yvain est décidé à démontrer ses prouesses chevaleresques, et plusieurs raisons l'incitent à partir. Il souhaite notamment venger son cousin Calogrenant à la fontaine magique. C'est ainsi qu'il en vient à tuer le défenseur de la fontaine. Mais lorsqu'il aperçoit la dame de ce dernier, en proie au désespoir, il en tombe amoureux immédiatement et parvient à l'épouser très rapidement. Contrairement au modèle courtois traditionnel où l'amour ne peut se réaliser que dans l'adultère, hors mariage, pour Chrétien de Troyes, le véritable amour ne peut s'épanouir qu'au sein du mariage. Ainsi, Yvain devient le mari de Laudine et s'attèle à défendre son domaine. Mais le mariage n'est pas pour autant une voie facile.

En effet, le couple de Laudine et Yvain va connaître une crise, car, en ayant épousé Laudine, Yvain a délaissé ses aventures chevaleresques au profit de sa dame. C'est d'ailleurs la remarque que lui fait Gauvain afin de l'inciter à repartir avec lui : « Comment ! Feriez-vous désormais partie de ceux qui déméritent parce qu'ils ont pris femme ? » Gauvain fait comprendre à Yvain qu'en continuant à vivre ainsi auprès de sa dame, il perd de sa valeur chevaleresque d'autant plus que sa dame ne pourra pas rester amoureuse longtemps d'un chevalier sans mérite. Convaincu par les arguments de Gauvain, Yvain se décide à reprendre la route de l'aventure. En sa compagnie, il mène de nombreux tournois. Les armes prennent alors le pas sur l'amour d'Yvain pour sa dame, car il en oublie même le terme d'un an et un jour fixé par Laudine.

Il va être difficile pour Yvain de reconquérir le cœur de Laudine, ce qui est symbolisé par les différentes épreuves que le chevalier va devoir affronter. Yvain est confronté à de redoutables adversaires (serpent, géant, démons) pour sauver des gens plus faibles que lui, il doit également se sortir d'une crise de folie au milieu de la forêt. Après toutes ces prouesses et ces sacrifices, Yvain a enfin le droit au pardon de Laudine : « Le voici à présent au bout de ses peines puisqu'il est aimé et chéri par sa dame et qu'elle l'est tout autant de lui. » L'amour triomphe alors. Yvain finit par rester auprès de sa dame pour la protéger.

Le merveilleux de type féerique, emprunté à la matière de Bretagne, imprègne toute l'œuvre. D'une manière générale, les romans arthuriens font une place importante au merveilleux. Les récits ne se déroulent pas dans un réalisme pur, laissant place à des éléments merveilleux ou surnaturels.

D'une part, des éléments ou objets magiques parsèment l'œuvre.

Le roman repose sur un élément magique fondamental : la fontaine de Barenton. Une tempête éclate si l'on répand de l'eau sur le perron de la fontaine. C'est de cet élément que découlent les différentes aventures menées par Yvain. La fontaine magique représente également le lieu où le héros revient à différentes reprises : elle fonctionne tel un aimant qui attire le héros, un passage obligé.

À deux reprises, Yvain reçoit un anneau magique. Le premier est celui que lui prête Lunette dans le château pour se rendre invisible, ce qui lui sauve la vie. Le second est celui que lui donne Laudine pour le protéger lorsqu'il part en quête d'aventure. D'ailleurs, une fois qu'il est forcé de rendre l'anneau à la messagère de Laudine qui vient l'accuser, Yvain se retrouve en proie à une violente folie, comme si sans l'anneau il se retrouvait perdu.

La demoiselle qui soigne Yvain de la folie utilise un onguent. On comprend qu'il s'agit d'un onguent magique car la dame fait référence à la fée Morgane, sœur du roi Arthur qui pratique la magie : « Je me souviens d'un onguent que me donna la savante Morgane. » Cet élément magique va permettre encore une fois de sauver Yvain.

D'autre part, des êtres surnaturels font irruption tout au long du texte, à commencer par le lion, personnage primordial du roman, qui est loin d'être un lion ordinaire et sauvage. En effet, après qu'Yvain l'a sauvé du serpent jetant des flammes (lui aussi étant un être magique), le lion voue sa vie à Yvain. Il n'hésite pas à le sauver à son tour à plusieurs reprises. Sans le lion, il n'est pas sûr qu'Yvain soit encore en vie à la fin du récit.

Mais les autres êtres surnaturels que rencontre Yvain ne sont pas des alliés comme le lion. Au contraire, il s'agit d'ennemis à combattre. Ainsi, le géant et le nain qui l'accompagne portent en eux-mêmes une connotation négative dans la littérature médiévale. Le nain est considéré comme un personnage fantastique, la plupart du temps maléfique, et le géant représente souvent un être à la force extraordinaire qui crée le malheur d'autrui. Aussi, Yvain doit combattre également les deux fils du diable, deux « hommes très grands et forts ».

Ainsi, les éléments ou êtres magiques du récit peuvent être divisés en deux catégories : ceux qui sont là pour aider et servir Yvain, et ceux qui sont là pour lui nuire. Mais le fait qu'Yvain doive se mesurer à des êtres maléfiques d'une très grande force lui permet d'acquérir une plus grande valeur chevaleresque encore.

ÉTUDE DU MOUVEMENT LITTÉRAIRE

La littérature courtoise dans laquelle s'inscrivent totalement les romans de Chrétien de Troyes trouve son origine poétique dans la poésie lyrique des troubadours aux XIe et XIIe siècle. À ce titre, le plus ancien troubadour que nous connaissons est le dénommé Guillaume IX de Poitiers (1071-1127) qui est comte du Poitou et duc d'Aquitaine. Les troubadours (de langue d'Oc) et les trouvères (de langue d'Oïl) sont des poètes et musiciens médiévaux qui font l'éloge de l'amour courtois.

Ensuite, les premiers romans courtois apparaissent, se divisant en deux grandes catégories : les romans « antiques » et les romans « bretons ». Les romans « antiques » tels que *Le Roman d'Alexandre*, *Le Roman de Thèbes*, ou encore *Le Roman de Troie*, s'inspirent de faits historiques antiques, dans lesquels les femmes jouent un rôle primordial. Les romans « bretons », comme les romans de Chrétien de Troyes, sont dominés par la figure emblématique du roi Arthur ainsi que par les chevaliers de la Table Ronde qui accomplissent sans cesse de nouveaux exploits et se déroulent en « Bretagne » (qui n'est pas la Bretagne d'aujourd'hui). Les personnages de la littérature courtoise évoluent bien souvent dans un monde merveilleux de type féerique où des êtres surnaturels ou magiques font leur apparition (des fées, des nains, des géants, des dragons, des magiciens, etc.).

Ce genre littéraire s'inspire idéologiquement de la tradition latine, notamment du poète Ovide et de son œuvre *L'Art d'aimer* qui se présente comme une initiation à l'art d'aimer et de séduire les femmes. Aussi, cet idéal d'amour est peut-être influencé par le culte voué à la Vierge Marie. Les romans courtois s'inspirent également de sources d'ordre folklorique, dans le sens où les poètes piochent leurs éléments dans un fond culturel commun, ce qu'on nomme un *topos*.

Jusqu'alors, le chevalier combattait au service de Dieu,

de son seigneur ou de son pays (comme c'est le cas dans les chansons de geste), mais la littérature courtoise révolutionne considérablement cette conception en ajoutant à l'idéal chevaleresque un idéal amoureux désigné par l'expression « fin'amor » signifiant « amour parfait ». Le chevalier doit se surpasser alors au combat pour sa dame. Il ne se laisse pas dominer par ses désirs charnels et doit conquérir le cœur de la femme aimée de noble manière. L'amant courtois est complètement soumis à sa dame, il doit mériter son amour en enchaînant toute une série d'épreuves chevaleresques (souvent imposées par la dame), faisant de lui un guerrier héroïque.

Cet idéal décrit dans la littérature courtoise est en réalité l'idéal des gens de cour et il représente un véritable modèle à suivre. D'ailleurs, le terme « courtois » est en rapport étroit avec les gens de cour puisqu'il signifie initialement « qui vient de la cour ». La courtoisie désigne alors une certaine manière de parler et d'agir qui prend en compte la présence des dames. Le rapport entre les sexes, et les rapports sociaux de façon générale, ont été véritablement révolutionnés avec l'amour courtois. La cour du XIIe siècle se détourne peu à peu des chansons de geste pour apprécier cet autre type de récit où la femme occupe une place bien plus importante. La cour imaginaire du roi Arthur dans les romans bretons ne dépeint pas le mode de vie des cours réelles, mais elle devient le modèle à suivre pour les cours réelles.

DANS LA MÊME COLLECTION
(par ordre alphabétique)

- **Anonyme**, *La Farce de Maître Pathelin*
- **Anouilh**, *Antigone*
- **Aragon**, *Aurélien*
- **Aragon**, *Le Paysan de Paris*
- **Austen**, *Raison et Sentiments*
- **Balzac**, *Illusions perdues*
- **Balzac**, *La Femme de trente ans*
- **Balzac**, *Le Colonel Chabert*
- **Balzac**, *Le Lys dans la vallée*
- **Balzac**, *Le Père Goriot*
- **Barbey d'Aurevilly**, *L'Ensorcelée*
- **Barbey d'Aurevilly**, *Les Diaboliques*
- **Bataille**, *Ma mère*
- **Baudelaire**, *Les Fleurs du Mal*
- **Baudelaire**, *Petits poèmes en prose*
- **Beaumarchais**, *Le Barbier de Séville*
- **Beaumarchais**, *Le Mariage de Figaro*
- **Beauvoir**, *Mémoires d'une jeune fille rangée*
- **Beckett**, *En attendant Godot*
- **Beckett**, *Fin de partie*
- **Brecht**, *La Noce*
- **Brecht**, *La Résistible ascension d'Arturo Ui*
- **Brecht**, *Mère Courage et ses enfants*
- **Breton**, *Nadja*
- **Brontë**, *Jane Eyre*
- **Camus**, *L'Étranger*
- **Carroll**, *Alice au pays des merveilles*
- **Céline**, *Mort à crédit*

- **Céline**, *Voyage au bout de la nuit*
- **Chateaubriand**, *Atala*
- **Chateaubriand**, *René*
- **Chrétien de Troyes**, *Perceval*
- **Cocteau**, *La Machine infernale*
- **Cocteau**, *Les Enfants terribles*
- **Colette**, *Le Blé en herbe*
- **Corneille**, *Le Cid*
- **Crébillon fils**, *Les Égarements du cœur et de l'esprit*
- **Defoe**, *Robinson Crusoé*
- **Dickens**, *Oliver Twist*
- **Du Bellay**, *Les Regrets*
- **Dumas**, *Henri III et sa cour*
- **Duras**, *L'Amant*
- **Duras**, *La Pluie d'été*
- **Duras**, *Un barrage contre le Pacifique*
- **Flaubert**, *Bouvard et Pécuchet*
- **Flaubert**, *L'Éducation sentimentale*
- **Flaubert**, *Madame Bovary*
- **Flaubert**, *Salammbô*
- **Gary**, *La Vie devant soi*
- **Giraudoux**, *Électre*
- **Giraudoux**, *La Guerre de Troie n'aura pas lieu*
- **Gogol**, *Le Mariage*
- **Homère**, *L'Odyssée*
- **Hugo**, *Hernani*
- **Hugo**, *Les Misérables*
- **Hugo**, *Notre-Dame de Paris*
- **Huxley**, *Le Meilleur des mondes*
- **Jaccottet**, *À la lumière d'hiver*
- **James**, *Une vie à Londres*
- **Jarry**, *Ubu roi*
- **Kafka**, *La Métamorphose*

- **Kerouac**, *Sur la route*
- **Kessel**, *Le Lion*
- **La Fayette**, *La Princesse de Clèves*
- **Le Clézio**, *Mondo et autres histoires*
- **Levi**, *Si c'est un homme*
- **London**, *Croc-Blanc*
- **London**, *L'Appel de la forêt*
- **Maupassant**, *Boule de suif*
- **Maupassant**, *Le Horla*
- **Maupassant**, *Une vie*
- **Molière**, *Amphitryon*
- **Molière**, *Dom Juan*
- **Molière**, *L'Avare*
- **Molière**, *Le Malade imaginaire*
- **Molière**, *Le Tartuffe*
- **Molière**, *Les Fourberies de Scapin*
- **Musset**, *Les Caprices de Marianne*
- **Musset**, *Lorenzaccio*
- **Musset**, *On ne badine pas avec l'amour*
- **Perec**, *La Disparition*
- **Perec**, *Les Choses*
- **Perrault**, *Contes*
- **Prévert**, *Paroles*
- **Prévost**, *Manon Lescaut*
- **Proust**, *À l'ombre des jeunes filles en fleurs*
- **Proust**, *Albertine disparue*
- **Proust**, *Du côté de chez Swann*
- **Proust**, *Le Côté de Guermantes*
- **Proust**, *Le Temps retrouvé*
- **Proust**, *Sodome et Gomorrhe*
- **Proust**, *Un amour de Swann*
- **Queneau**, *Exercices de style*
- **Quignard**, *Tous les matins du monde*

- **Rabelais**, *Gargantua*
- **Rabelais**, *Pantagruel*
- **Racine**, *Andromaque*
- **Racine**, *Bérénice*
- **Racine**, *Britannicus*
- **Racine**, *Phèdre*
- **Renard**, *Poil de carotte*
- **Rimbaud**, *Une saison en enfer*
- **Sagan**, *Bonjour tristesse*
- **Saint-Exupéry**, *Le Petit Prince*
- **Sarraute**, *Enfance*
- **Sarraute**, *Tropismes*
- **Sartre**, *Huis clos*
- **Sartre**, *La Nausée*
- **Senghor**, *La Belle histoire de Leuk-le-lièvre*
- **Shakespeare**, *Roméo et Juliette*
- **Steinbeck**, *Les Raisins de la colère*
- **Stendhal**, *La Chartreuse de Parme*
- **Stendhal**, *Le Rouge et le Noir*
- **Verlaine**, *Romances sans paroles*
- **Verne**, *Une ville flottante*
- **Verne**, *Voyage au centre de la Terre*
- **Vian**, *J'irai cracher sur vos tombes*
- **Vian**, *L'Arrache-cœur*
- **Vian**, *L'Écume des jours*
- **Voltaire**, *Candide*
- **Voltaire**, *Micromégas*
- **Zola**, *Au Bonheur des Dames*
- **Zola**, *Germinal*
- **Zola**, *L'Argent*
- **Zola**, *L'Assommoir*
- **Zola**, *La Bête humaine*
- **Zola**, *Nana*

- **Zola**, *Pot-Bouille*

Lightning Source UK Ltd.
Milton Keynes UK
UKHW010025091221
395309UK00002B/317